HARANGUE

De

Monsieur CASPAR BARTHOLIN,

Conseiller d'état, & Procureur general,

Sur la Paix,

Prononcée en latin par l'Auteur en presence de Sa Majesté, dans l'Université Royale de Copenhague le 13 Novembre de l'an
M DC XX.

**Traduite en Francois
par
René de Montaigu.**

à Copenhague,

Imprimée dans l'Imprimerie privilegiée par le Roy situeé à Schindergaden, & se trouve dans la maison du traducteur dans la Filestrede chez Mr. le Coq orfévre.

Imprimatur.

Jo. Grammius.

AU ROY,

SIRE,

Je prens la liberté de presenter tres humblement à Vostre Majesté, une foible traduction françoise, d'un ouvrage, qui passe avec raison, pour un Chef d'oeuvre

A 2

vre

vre de latinité, Il a pour fujet, SIRE
cette Paix triomphante, par la quelle Voftre Majefté vient de terminer la plus longue & la plus glorieufe de toutes nos guerres, Ces fituations diverfes, de la Paix,
& de la guerre, qui ont partagé les mer-
veilles de Voftre Regne, ont eté pour Voftre Majefté, un champ toujours nouveau,
à developer tour à tour les refources toujours nouvelles de toutes les vertus pa-
cifiques & guerrieres, C'eft ce parfait af-
affemblage, qui a rendu Voftre Majefté, la
terreur de fes ennemis par fa valeur, l'a-
mour & les delices de les fujets par fes bontez, l'exemple & le modele des plus grands
Roys par la Pieté fupreme, qui guide &
conduit toutes fes actions, J'ay cru, SIRE,
qu'en laiffant, ce recit renferme, dans la
langue des favans, c'étoit derober au refte

de

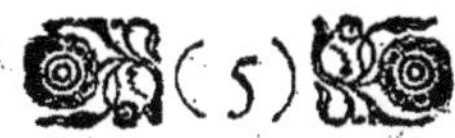

de la terre, le jufte objet de la veneration,
& de la reconnoiffance eternelle des peuples.

Je me fuis enhardi, SIRE à vouloir l'expofer dans une langue plus vulgaire, mon
zele eblouï, par la dignité de la matiere, m'a
fait croire, que ma foibleffe, à l'ombre des
beautez de l'original, fe foutiendroit dans la
copie. Les difficultes de l'execution ne
m'ont que trop tôt ouvert les yeux fur ma
temerité, j'ay fenti presque à chaque mot,
combien ce qui étoit effectivement admira-
ble en latin, perdoit entre mes mains, en
voulant le rendre en françois, & j'aurois re-
noncè des le commencement, à un deffein
trop vafte pour moy, fi je ne m'étois flatté,
que vos Royales vertus, étant au deffus de
toutes les expreffions humaines, je pou-

A 3

vois

vois efperer que Voftre Majefté me par-
donneroit, en faveur de l'envie, que j'aurois
eu de mieux faire.

Trop heureux même en fuccombant,
de trouver cette occafion, de pouvoir SIRE
renouveller à Voftre Majefté la tres humble poteftation, de l'attachement inviola-
ble & toujours attentif, & du refpect pro-
fond, avec le quel j'ay l'honneur d'eftre.

SIRE

de Voftre Majefté

Le tres humble tres obeiffant
& tres fidele ferviteur
Montaigu.

SIRE

Cette heure tant de foit defirée, fi falutaire au bien de ces Royaumes, defcenduë du Ciel fous de favorables aufpices, paroit enfin aujourdhuy à nos yeux. Tous les coeurs charmez à l'afpect de la felicité des tems renaiffante, que ramene cette heure fortunée, fentent encore redoubler leur joye & leurs transports, par l'espoir du bonheur durable qu'elle affure à la Pofterité. Nous nous étions de tout tems promis, SIRE! de la Pieté, & de la grandeur du courage heroique de Voftre Majefté, qu'apres eftre fortie triomphante de tous les perils divers

d'ud'une guerre auſſi longue, que ſanglante, parvenuë dans le ſein de la paix, au com-ble de la gloire, elle rétabliroit un jour par ſa bonte, la tranquillité & le repos chez ſes peuples heureux. Ce grand ou-vrage, que le Ciel vient d'accomplir pour vous, étoit deu à vos Royales vertus, la prouidence a veu dans leur different aſſem-blage la juſte ſource d'un ſi grand bonheur, par l'aveu ſolennel, que vous faites de te-nir tout des mains de Dieu ſeul, & c'eſt ce, qu'exige dans le Ciel, cette Majeſté Divi-ne ſeule ſuperieure à la voſtre, dont voſtre Puiſſance nous repreſente ſur la terre une image approchante, c'eſt à cette origine, que doit ſe raporter, tout ce, que l'univers admire de grand, dans le cours éclatant de voſtre auguſte vie, ce, n'eſt que dans les leçons, dictées par la ſageſſe Eternelle, & ſuivies par Voſtre Majeſté, que vous avez

appris

appris le grand art de regner, celuy de rendre voftre empire inébranlable, par la prudence, & l'equité de vos deffeins, & de faire tout voftre bonheur de celuy de vos peuples.

Eh qui peut affez ignorer la Pieté, qui prefide à toutes vos entreprifes, & la prudence, qui en accompagne l'execution, pour ne pas admirer également dans Voftre Maj. l'une & l'autre de ces vertus. C'eft fur ces fondemens, qu'elle établit la force, la puiffance, & la fureté de fon regne, toujours attentive aux befoins differents de fon vafte Empire, elle voit toût, eft prefente à tout, chargée du pois de de deux grands Royaumes, capable de celuy de regir la terre entiere, toujours active, toujours infatigable, elle neglige & prodigue fon propre repos, pour affu-

B

rer

rer le noftre. Quelle affurance pour des peuples, de pouvoir à l'abri de l'affidutié de leur Roy, jouir tranquillement & fans crainte, de tous les biens, qu'elle leur procure, mais quelle gloire pour un Monarque, de faire & d'affurer feul le bonheur du monde, d'en prendre fur foy le travail & la peine, & d'eu épargner à fes fujets, l'inquietude & les foins! ordonez Vous la guerre, ce n'eft que pour deffendre la fureté de Vos peuples, pour éprouver leur fidelité, & pour donner à l'univers, par toutes Vos actions, le modéle achevé d'une valeur, & d'une prudence confommée. Rendez Vous la paix à la terre, ce n'eft que pour foulager Vos peuples fatiguez du fardeau de la guerre, l' Eternel difpenfe ainfi les faifons de l'année, & par leurs differentes revolutions fait éclore & conferve, dans les producti-
ons

ons de la nature les biens neceſſaires à l'
uſage des humains. Nous devons aux
bienfaits de ſes Lieutenants en terre la tranquile jouiſſance de ces meſmes biens. Parfait Imitateur de la bonté divine, Vous re-
donnez la tranquillité à Vos peuples, & a-
prés avoir diſſipé les orages & les tempeſtes, qui les ont agitez, Vous leur rendez des jours clairs, ſerains, & tranquilles.
Ce n'eſt point dans la ſimple apparence,
ou dans des noms ſans effet, mais dans l'u-
tilité ruelle des citoyens, que Vous faites
conſiſter le vray bonheur de Voſtre Empire, toujours, je le repete encor, toujours
uniquement occupé des beſoins de la republique, la differente deſtinée de Vos ſujets ſoit dans la paix, ſoit dans la guerre,
fait que Vous oubliant, ſi j'oſe le dire, Vous
meſme , & peu ſenſible à l'éclat, dont la
victoire flatte les heros, Vous ne vivez,

B 2

que

que pour maintenir Vos peuples dans toute
la felicité d'une paix tranquille. Mais
comme la paix ne peut jamais étre ferme
& ftable ,fans le fecours des armes, c'eft par
les armes que vous en affermiffes la ftabilité.
Car en fin la fatalité dés tems rend quelque
fois les guerres inévitables, & malgré toute
la bonté des meilleurs Princes, ils fe voy-
ent, fouvent forcez à vanger les injures pu-
bliques par le fer, & par le fang, & par toutes les calamitez, qui fuivent le deftin de la
guerre toujours prets à donner les mains à
la paix après avoir efté contraints à cimenter
par le fang de mille & mille foldats la fureté
du refte des peuples.

Vous compenfez SIRE! avec tant d'équi-
té ces motifs divers de la paix & de la guerre, que les armes des ennemis arrachées
des mains des vaincus, leurs vaiffeaux em-
bra-

braſez, & teints de leur ſang, & tout cet
amas terrible & pompeux de depouilles
ſanglantes, ne ſont pas toujours pour Vous
un ſpectacle digne de Vos regards, vous pre-
ferez ſouvent à tous ces fruits de la victoire
le ſalut & la conſervation de vos ſujets, &
meritez par là, la plus belle, & la plus preci-
euſe de toutes les courones, qui eſt reſer-
vée aux heros conſervateurs des nations.
Digne en effet grand Roy du nom fameux
de FRIDERICH, dont vous rempliſſez
toute l'idée, par les bornes que vous ſavez
impoſer à la colere & à la victoire meſme,
& par la veritable gloire, que vous trouvez
à pardonner plutôt, qu'à vaincre, vray Pere de la Patrie, & qui en accompliſſez toutes les tendres fonctions, par les effets con-
tinuels, que nous reſſentons tous les jours
de voſtre bonté vrayment Paternelle,
Cette Pieté ſupreme & cet amour pour

                    Vos

vos peuples paſſera à tous les Empires,
pour leur ſervir d'exemple & de modele,
mais qui dans ce haut degré, de gloire &
de grandeur, ou V. M. eſt elevée, eut pû
demesler & admirer parmi tant de vertus
plus brillantes, cette bonte & cette indul-
gence naturelle, ſi elle ne l'eut fait éclater
en faiſant grace à ceux, qu'elle pouvoit ac-
cabler, Vous avez paru SIRE armé par tout
de l'epée & de la clemence, & la poſterité,
ſuſpenduë au recit de Vos bienfaits, doute-
ra à qui de Voſtre bonte, ou de Voſtre valeur elle ſera le plus redevable.

Vous venez de quitter les armes, mais
Vous pouvez les reprendre, ſi contre toute
attente quelque force etrangére venoit
à Vous y engager. Prudente & ſage pre-
caution dans un grand Roy, de ne point
s'engager temerairement dans la guerre,
mais

mais d'être toujours en état de ne la pas
craindre, de favoir également tirer l'e-
pée, & la remettre dans le foureau, fui-
vant les befoins, ou l'utilité de l'état. Car
enfin de donner aux armes une licence
fans bornes, de marcher fans cefle de combats en combats, & pour le vain honneur
d'un triomphe frivole, & quelques feuilles
fteriles d'un laurier infructueux, d'expofer
la vie, & le fang, de tant de milliers d'ho-
mes, à l'evenement toujours douteux, des
armes journalieres, c'eft chercher à repandre la terreur & l'effroy, c'eft vouloir fe
faire craindre, ce n'eft pas chercher verita-
blement à regner

La gloire de Vos armes fera l'admiration de tous les fiecles, ce temperament fin-
gulier de la paix & de la guerre apprendra
à la pofterité, par les diferentes faveurs,

dont

dont Vous a comblé la providence, la me-
fure de fes bontez pour Voftre Majefté,

Nous concevons avec refpect de quel
prix font pour nous les biens de l'eloigne-
ment de la guerre, biens precieux , que
Voftre prudence & Voftre valeur font re-
naitre! il n'y a perfone entre nous, qui ne
s'en promette une felicité particuliere, & fi
Voftre Majefté daigne jetter les yeux fur
nous , (grace que nous attendons de fa
bonté) elle jugera aifement, que ce qui fait
en ce jour le comble de noftre joye, eft de
voir la protection toujours plus favorable,
dont elle honore des fujets, qui luy doivent
leur falut prefent, & luy devront tout le bonheur, qu'ils peuvent efperer de l'avenir,

Pour moy, qui fuis aujourdhuy char-
gé de l'honneur de porter la parole devant
Votr. Majeft, le moindre à la verité, de
tous

tous ceux, sur qui pouvoit tomber un si
glorieux employ, mais qui ne le cede ce-
pendant à personne en zele & en fidelité
pour mon Roy, que n'ay je l'eloquence
necessaire, à remplir toutes les parties d'
un si grand éloge, mais puisque dans l'e-
bauche de Vos Royales vertus, je ne puis
atteindre à leur grandeur, je suivray mon
foible genie, & au lieu des justes louanges,
que ma foiblesse me deffend d'entrepren-
dre, je borneray mon zele aux justes tributs de nos voeux de nostre veneration &
& de nos respects.

Les deux bazes principales de la pro-
sperité d'un Empire, sont la sagesse dans la
paix, & la force des armes, & c'est sur ce
double fondement, que FRIDERICH
grand dans la paix, invincible dans la guerre, a appuyé & affermi la stabilité du bonheur de ses Royaumes,

C

Si

Si nous remontons à ces années, qu'a duré la guerre, en quel rang, parmi les plus grands guerriers pourrons nous placer un Roy, qui par la sagesse de ses conseils, a le plus contribué au succés de toutes les entreprises, qui a fait éclater plus de valeur & d'intrepidité dans l'execution, que les perils, les fatigues, les travaux, & les contretems mesmes n'ont jamais rebuté? Ouy SIRE! tous ces grands evenemens l'objet de l'admiration de l'univers, ont eté l'ouvrage de la superiorité de Vostre sagesse, ou de celle de Vostre valeur, Vous avez tout conduit ou tout fait par Vous même, éclairant Vos Ministres, guidant Vos Generaux, & suivi de ces braves soldats, qui n'ont jamais craint l'ennemi, & à qui pour combattre & pour vaincre il suffit pour signal d'un regard de leur maistre.

Avec

Avec tant de pieté & de prudence GRAND ROY! on ne doit pas s'étonner, que Vous ayez été également heureux. Car enfin ce qu'on nomme bonheur n'eſt qu'un effet particulier de la bien-veillance divine, qui, preſidant à toutes nos actions, en regle & en diſpoſe toutes les ſuites, d'une maniere, que le ſuccés re-pond toujours à nos voeux, & ſouvent meſme ſurpaſſe noſtre attente, Vous avez tout ce que Vous pouvez avoir, & ne pou-vez rien ſouhaiter de plus, la fortune & la vertu ont combatu par tout à l'envy pour Voſtre gloire. Les Duchez de Bremen, de Verden, de Pomeranie, de Holſtein, & de Slesvic, ont eſté ſoumis à Vos armes, les places fameuſes & redoutables de Stade, de Viſmar, de Thoning, & de Stralſund, ſont tombées ſous Vos coups, tant d'ex-ploits ont eté ſuivis de la conqueſte à ja-

C 2

mais

mais memorable de l'Isle de Rugen, ou l'
on a veu Vos soldats & Vos matelots in-
trepides, se faire jour à travers mille dangers, s'ouvrir des passages, malgré tous les
obstacles de la nature & des élemens, &
Vostre Majesté, à leur teste, penetrer dans
des lieux, qu'on croyoit inaccessibles à
tous les efforts de la valeur humaine. La
victoire, sur les ondes toujours asservie à
Vos loix, a maintenu, dans tout le cours
de la guerre, la souveraineté de Vostre Majesté dans nos mers, Vostre flotte par tout
victorieuse & triomphante a parcouru
tout le vaste sein des eaux, six vaisseaux
de guerre des ennemis attaquez, & pris
sur les costes d'Holstein, entre les isles de
Femern & d'Alsie, dans la mer, nommée
par les Mariniers COLBERGER HEIDE, furent,
pour ainsi dire, le prelude de la defaite entiere de leur grande flotte, forte de vingt
vais-

vaiſſeaux de ligne , envoyée au ſecours,
de l'isle de Rugen , & qui ne put qu'à la faveur de la nuit échaper à la pourſuite des
vainqueurs; & ramener dans les ports le
triſte debris de ſes vaiſſeaux briſez,

    Voſtre Royaume de Norvegue delivré
de deux invaſions reiterées, a ſervi de nouveau Theatre à Voſtre gloire, c'eſt la ou
les ennemis, par un effet viſible de la conſtante benediction du ciel ſur Vos armés,
ont eprouvé un ſort bien different de celuy,
au quel ils s'etoient attendus, ils ont veu
leur premiere attaque repouſſée par cette
nation fidele & guerrierre, qui après a-
voir bruslé tous leurs vaiſſeaux, & toutes
leurs munitions dans le golphe de Dyne-
kiil, les força enfin de chercher leur ſalut
dans la fuite, La ſeconde expedition fut encor plus fatale pour eux, par la levée du

C 3

fie-

fiege de Friderichshald, & par la mort de Charles leur Roy. Ainfi ce Royaume en pleine fureté tout ce qui put echaper de l' armée ennemie au fer de Vos foldats, perit miferablement ou de froid, ou de faim, dans les fatigues d'une longue & penible rétraitte. Peu de tems apres Votr. Majefté ne parut pas pluftôt fur les mefmes frontieres, que Strömftad & tout l'appareil de guerre, qui y étoit renfermé fuccomba fous Vos premiers coups, plufieurs places fortes eurent le mefme fort, avec tant de promtitude, qu'on en aprit plutôt la prife, que l'attaque, l'univers etonné au bruit des fuccés inouïs crut Maftrand foudroyé par le ciel, plutot qu'emporté par Vos armes, cete forterefîe au deflus de tous les efforts des humains, pourveuë de toutes les chofes neceffaires à fa deffenfe, munie de tant de forts, jugée imprenable par

les

les ouvrages reunis de l'art & de la nature, vit ſes murs, & ſes remparts renver-
fez, au ſeul bruit de Voſtre nom, & à la
premiere terreur de ſes ordres, reconnoiſ-
ſons dans le cours glorieux de tant d'ex-
ploits la faveur conſtante de la fortune,
ou pour mieux dire la grace ſinguliere d'en
haut.

Mais quoyque Vous viſſiez alors de
touts coſtés les chemins ouverts à de nouvelles conqueſtes, Vous avez bien voulu
arreſter Vous meſme le cours de Vos victoires, & pour faire ceſſer l'effuſion du
ſang humain, donner les mains à la paix,
qu'on Vous demandoit de toutes parts.

Enfin on a veu, que dans toute cette
guerre, Vous n'avez pas laiſſé paſſer une
ſeule campagne, ſans la ſignaler par quelque grande expedition ou par terre ou par
mer, à tant de proſperitez il s'eſt meslé; il

eſt

est vray quelques legers contretems, & l'
instabilité de la fortune a quelque fois ob-
scurci par defoibles nuages, l'éclat de tant
de victoires, mais ces brouillards bientôt
dissipez, n'ont eté, que les avant coureurs
d'un jour plus brillant & plus beau. Et tel-
le a esté la providence celeste, que si il est
arrivé quelque évenement, qui dans labord
nous parut contraire, il a bientot tourné à
noftre avantage, témoin cette armée ennemie, qui ne menaçoit pas de moins, que de
ravager deux de nos plus riches provinces,
& qui loin d'executer ses funestes projets,
n'estant pas mesme en sureté dans les murs
de Thöning fut contrainte de venir à Vos
pieds prifoniere avec son Chef, Vous de-
mander des fers. Ce fut ainsi, que les coups,
qu'ils vouloient nous porter, retomberent
sur leurs testes.

C'est

C'eſt par toutes ces actions heroiques, produites par des vertus encor plus éclatantes, que V. Maj. s'eſt monſtrée deſlong tems à nos yeux, trop grande pour l'étenduë étroite du Septentrion, Elle me pardon iera, ſi je ne m'étens pas ici ſur le d'étail de tant de glorieuſes expeditions, ce n' eſt pas à ma foible voix à tenter un recit reſervé aux faſtes du temple de memoire, & qui ſurpaſſant par la grandeur des faits, qu'il contient, toute la credulité des ſiecles à venir, aura bien de la peine à trouver foy chez la poſterité.

Tous ces exploits guerriers, tous ces ſuccés fameux, ont enfin jetté les fondemens de la paix, dont nous jouiſſons aujourdhuy, car parmi tant de preuves eſſentielles de Voſtre Royalle prudence, nous devons avec toute la terre, regarder comme une des plus ſingulieres, & des plus

me-

memorables, celle, que Vous avez fait paroitre, lors que dans le cours le plus riant
des faveurs de la fortune, Vous avez bien
voulu, pour le salut public, fixer Vos deffeins, & borner Voftre gloire, à avancer le
bonheur de Vos peuples, à leur rendre la
paix & le repos, ou ils afpiroient, à les
delivrer de la crainte de l'inconftance du
fort, & à les raffurer fur la deffiance, que
les plus favorables evenemens à la guerre
peuvent en peu de tems prendre une face
contraire. Vous avez bien voulu à la
priére de Sa Majefté Le Roy de la grande
Bretagne, ne pas porter plus loin l'effort
de Vos Armes, & Vous n'avez pas de-
daigné de rentrer dans Vos droits par la
voye des traittez, voye auffi glorieufe &
plus feure & par la quelle fouvent on ob-
tient plus, fans carnage, & fans répandre
de fang, que par les hazards toûjours in-
cer-

certains, & cruels, du deſtin des combats, l'experience n'ayant que trop ſouvent fait voir, que les guerres meſmes les plus heu-reuſes ſont quelque fois à leur iſſuë ſujetes aux plus grands revers. Le Ciel a favori-ſé de ſi pieuſes & de ſi juſtes intentions, & les avantages de cette Paix triomphante ont rehauſſé la gloire de Voſtre Majeſté, augmenté l'entenduë & l'éclat de ſon em-pire & conſacré la memoire de ſon nom à la poſterité.

Les tributs, qu'on paye aux Souve-rains étant les nerfs de la republique, les vaiſſeaux de toutes les nations en paſſant ce detroit fameux du Sund, qui fait la jonction des deux mers par le concours des flots de l'océan ſeptentrional, & de ceux de la Mer Baltique, étoient ſans exception, depuis les tems les plus ré-culez, tributaires de nos Roys, mais l'an

1645,

1645 , par le traitté de Paix conclu à Brem-
febroe , entre le ROY CHRISTIAN 4 ce
Dannemarch & la Reine CHRISTINE de Suede , les navires Suedois , & ceux même
des autres Puiſſances , qui étoient chargez
de marchandiſes de Suede , obtinrent la ſu-
ſpenſion de ce tribute.

Cette exemption fut encore renouvel-
lée , l'an 1660 à la paix de Copenhague ,
entre le Roy FRIDERIC 3., de glorieuſe
memoire & CHARLE GUSTAVE Roy de Suede, mais le premier avantage de la Paix d'
ajuourdhuy eſt de revoir ſous le regne tri-
omphant de FRIDERIC 4. les vaiſſeaux
& les marchandiſes de Suede, également
ſoumis avec ceux des autres nations, à re-
connoitre, par un egal tribut, au paſſage
du Sund la ſouveraineté de nos Roys ſur
ces Mers.

Le ſecond benefice de la Paix eſt le
Du-

Duché de Slesvig, fource fatale jusqu'ici de tant de guerres, qui ont troublé les Royaumes du Nord, & femence éternelle de difcorde entre les Princes voifins. En remontant aux fiecles paffez nous trouvons, qu'Adolphe, de la maifon de Schaumbourg, oncle de CHRISTIAN Premier Roy de Dannemarc, & Gerard Pere d'Adolphe, furent enfemble Comtes de Holftein, & Ducs de Slesvig, mais ils tinrent ce Duché come un fief de la Couronne, pour le quel ils étoient tenus de préter foy & hommage, nos Roys s'en étant toujours refervé la Souveraineté, adolphe étant mort fans infans l'an 1469, ce mefme Duché revint à la Couronne fous le regne de CHRISTIAN Premier, mais l'année 1482, qui fuivit celle de la mort de ce Monarque, il fe fit un partage entre les Princes fes fils de forte, qu'une partie de ce Duché écheut à

D 3

JEAN

JEAN Roy de Dannemarc, & l'autre à FRI-
DERIC, Duc alors de Holftein & de Slesvig, & depuis Roy de Dannemarc. Enfin après la mort du Roy JEAN, FRIDE-
RIC fon frere luy fuccedant l'an 1323, le Duché retourna encor à la Couronne, mais
l'an 1533. le Roy FRIDERIC Premier, laiffa
trois fils en mourant, qui furent CHRI-
STIAN 3. Roy de Dannemarc, JEAN nom-
mé le vieux, pour le diftinguer du plus
jeune, qui étoit fils de CHRISTIAN 3. & A-
DOLPHE; & l'an 1544. le Duché fut partagé entre ces 3 Princes, jusqu'à ce, que l'an
1580. JEAN étant venu à mourir fans enfans,
il fe fit une nouvelle fubdivifion du Duché, entre fon frere ADOLPHE, & les fils
du Roy CHRISTIAN 3 fon autre frere, ces fils
étoient FRIDERIC 2. Roy de Dannemarc &
JEAN le jeune, mais tous les fucceffeurs d'
ADOLPHE, defcendans de la branche, qu'on
appel-

appelle de Gottorp, ont toujours jusqu'à l'an 1658. tenu ce fief de nos Roys, & s'il est certain, que le Holstein soit un Fief de l'Empire, d'Allemagne, il n'est pas moins constant, que le Duché de Slesvig n'en à jamais dependu, qu'il a toujours fait partie du Royaume de Dannemarc, que jamais auparavant cette partie n'en avoit été separée, & qu'elle est présque contemporaine à l'etablissement de la Monarchie Danoise.

Après toutes ces revolutions ce Duché reuni heureusement au domaine de nos Roys rentre aujourdhuy pour toujours sous les loix de ses vrays Maitres, retour heureux, que nous ne devons atribuer uniquement, qu'à la bonté celeste, à Vostre couráge, à Vostre prudence, & à Vostre fortune. Rejoignez grand Roy ce rameau detaché pour un tems, à la souche,

à la

à la quelle il est deu de tout tems, recevez
come un bien, qui Vous a toujours apar-
tenu de droit, cette Clef d'une de Vos plus
riches provinces, & ce n'est après Dieu
qu'à Vous seul, que la posterité en gene-
ral, & Vos successeurs en particulier, se-
ront redevables d'un acroissement, si con-
siderable, à l'Empire Danois.   Enfin Vostre Majesté ne pouvoit pas donner, à l'univers une preuve plus autentique de Sa Royale bonté, que lorsque maitre de retenir
toutes les autres places, dont le droit de
la guerre Vous avoit remis en possession,
assuré par Vostre puissance de les conser-
ver, hors d'état de les voir reprendre par
aucune force étrangere, Vous avez cepen-
dant mieux aimé, pour établir une amitié
éternelle éntre deux Royaumes voisins, re-
noncer à Vos droits & faire du reste de ces
conquestes un sacrifice à la paix, que vous
vouli-

vouliez redonner à Vos états, & que nous efperons éternelle entre les Roys voifins de Dannemarc & de Suede, que tout établiffe & entretienne cet efprit de paix & d'union, que la difcorde & la divifion foient bannies à jamais, & que rien ne puiffe troubler à l'avenir cette tranquilité fi falutaire aux deux Couronnes.

Voila par quels degrez Voftre Majefté grand Roy! toujours animée d'un efprit heroique, eft parvenuë au comble de la gloire, & de fes voeux, raffafiée de triomphes, chargée de trophées, tranquille au dedans, glorieufe au dehors, & par tout admirée; jouiffez long tems de toute Voftre grandeur SIRE! & daignez en repandre fur Vos fujets les favorables influences, tous Vos peuples, libres deformais des maux de la guerre, verront leurs jours heureux couler dans les plaifirs & dans

E les

les Feſtes, l'un & l'autre ocean enchainé
ſous les loix de leur Maiſtre, garantira ſur
les deux Mers, la liberté & l'abondance
de leur Commerce.

Vous avez faït par Voſtre ſageſſe,
& par Vos travaux, que toutes les parties de Vos Royaumes, de Vos Duchés
& de Vos Provinces, ſont dans une parfai-
te & profonde ſecurité, que la Religion
fleurit dans les temples, la prudence dans
les conſeils, la juſtice dans le Barrau, toutes les ſciences, & les arts dans les écôles.
Enfin qu'aucune partie de la Republique
n'eſt negligée; eh comment les affaires
pourroient elles avoir une autre ſuccés ſous
Voſtre Empire, la ſageſſe repond par tout
à la grandeur de Vos veues, la Clemence n'
oſte rien à Voſtre juſtice, la Pieté Reine de
toutes les autres vertus, & le fondement
le plus aſſuré des Etats, guide & éclaire

en

en tout tems, & Voſtre Prudence, & Voſtre Valeur.

Conduit & Inſpiré par ces motifs, les beſoins & les neceſſitez de Vos ſujets font toute Voſtre attention, & la douceur d'y remedier tous Vos deſirs. Digne employ en effet pour un Roy, qui repreſentant à nos yeux une image de la Divinité, doit pour plus de reſſemblance come un aſtre, bien faiſant, repandre par tout le bonheur & la felicité, & pour nous noſtre devoir le plus ſacré, au millieu des douceurs d'une paix tranquile, eſt de renouveler ſans ceſſe nos voeux les plus ardents, pour la conſervation du meilleur, & du plus graciëux, & du plus indulgent de tous les Rois, aux pieds du quel nos oſons, avec reſpect offrir, les trés humbles remercimens, que nous devons à tant de bienfaits; que verſe tous les jours à pleines mains ſur nous ſa puis-

 ſance

sance pleinement Paternelle, Mais cette tranquilité grand Roy! que Vous procurez à Vos Royaumes, n'est pas moins solide, que glorieuse, des armées nombreuses veillent de toutes parts à sa sureté. nos ports sont remplis du nombre de nos vaisseaux de guerre, les places également munies, & fortifiées, les arsenaux fournis de tous les traits, & de tous les foudres de la guerre, la Cavallerie disposée de maniére dans les provinces, qu'elle est toute preste à marchér, au moindre évenement. Enfin pour assurer toutes les differentes parties de Vos Royaumes, Vous n'epargnez, ni depenses, ni travaux, nous voyons Votre Majest. dans les campagnes chercher, examiner les lieux les plus propres à des quartiers pour sa Cavallerie, & donner à tout son application & ses soins. Par Vos ordres la jeunesse dans les Provinces est sous des Chefs experimen-

rimentez, journellement exercée à la difci-
pline, & au metier des armes, c’eft ainfi, que
naiffent & fe forment des foldats, & que Vos
payfans àguerris, ne deviennent pas moins
capables, de combattre dans les champs de
Mars , que de cultiver & de labourer leurs
terres. Au millieu de tant de depenfes, qu’
éntraine la neceffité de tant de foins, peut on
trop admirer la fage difpofition des finan-
ces, dont nous avons veu les preuves, &
fenti les effets, dans cette guerre de plus de
dix années, toutes les reffources neceffaires pour foutenir la plus longue guerre,
que ce Royaume ait foutenues, n’ont
point entrainé chez nous, comme ailleurs, la
mifere, & la ruine des peuples, il n’eft, que
trop conftant, que la guerre exige des frais
immenfes, & qu’un Prince ne peut trouver, que dans les impôts fur fes fujets, les
nerfs de toutes les entreprifes. Mais qu’on
nous montre fur la terre une autre nation,
ou parmi les fardeaux d’une guerre, fi lon-

E 3

gue

gue, les biens des particuliers, n'ayent pas
été epuifez, leurs campagnes defolées, &
leurs poffeffions ruinées, beniffons le Seigneur de ce, que pendant tout ce tems, fous
la domination vrayment paternelle du
meilleur Roy, qui fut jamais, nous avons
éprouvé tant de menagement, & de mo-
deration, qu'après les malheurs, & les des-
ordres de tant d'années, nos biens & nos
poffeffions font encor dans le mefme é-
tat, qu'au millieu des douceurs d'une profonde paix. Que manque-t-il encore à
noftre felicité, & que nous refte-t'-il à de-
firer? fi ce n'eft que ce bonheur foit durable, & nous, nous en promettons pour
nous, & pour nos neveux, une fuite éternelle, tant que le Seigneur Vous con-
fervera à noftre efperance & à noftre fecours; cette grace du Ciel, & la faveur con-
ftante de fes dons repandus fur vous, en
continuant Voftre bonheur, affurera le
noftre,

Mais

Mais tandis que nous ofons , avec refpect, envifager tant de vertus, qui de quelque cofté, qu'on les tourne, paroiffent toûjours à nos yeux, pures, pleines, & parfai-
tes, nous ne devons pas oublier les bontez
particulieres, que V. M. a fait paroitre,
pour la confervation de cette univerfité, ou
les belles lettres ramenées en Dannemare,
& toujours protegées, par les Roys Vos an-
ceftres de l'augufte Maifon d'Oldenbourg,
n'ont, fous Voftre heureux Empire fouffert
aucune alteration, parmi le bruit, & le tu-
multe des armes.

C'eft dans ce celebre feminaire, que font
cultivées toutes les fciences, qui fleuriffent,
dans Vos Royaumes, c'eft de la, que s'eleve-
ront, un jour des ecrivains dignes de
laiffer, dans l'hiftoire de Vos victoires, & de
Vos triomphes, un modéle, & un fujet é-
ternel d'admiration à la pofterité. Recevez donc grand Roy les voeux & les ac-
clamations, que nos voix elevent au Ciel en.

ee

ce jour pour, qu'un Roy, le Bonheur de nos jours, furpaffant par le nombre de fes années les loix ordinaires de la nature, faffe encor, dans le cours d'un long avenir, l'amour & des delices de la pofterité la plus reculée, & que Voftre Majefté puiffe enfin avec M. Le P. Royal CHRISTIAN fon digne fils, & avec les heritiers de Vos communes vertus, que nous attendons de luy, éternifer à jamais fous la domination des Heros de Voftre fang, & l'eclat de cet Empire, & la fidelité immortelle des Danois.

Mais pourquoy nous arrefter plus longtems à l'enumeration infinie de tant de faits glorieux, dont le recit doit étre confacré, à faire dans nos Annales la jaloufie des fiecles avenir, ceffons de vouloir, dans un difcours preft à finir, comprendre tant de vertus fans bornes, vertus, que Vous ne devez point à la fortune, mais que Vous avez puifées en Vous mefme, vertus par les quelles, inferieur à Dieu feul, Vous, Vous

étés

étés élevé au deſſus des Royaumes, que Vous poſſedez, & par les quelles Vous a-vez élevé ces meſmes Royaumes au deſſus de l'atteinte de tous les dangers. Vous avez fixé nos deſtins, nous Vous devons noſtre joye, noſtre ſureté & noſtre repôs, Voſtre Majeſté ne peut aller plus loin, ni noſtre bonheur plus haut. Couvert du bouclier de l'Eternel, & envelopé de Voſtre propre vertu Vous detournerez de nous tous les périls à venir, & nous ſous l'abri de Vos loix, tranquilles & raſſurez, nous deplorerons dans le Port, ſans crainte & ſans allarmes, les tempeſtes & les orages, qui pourront menacer le reſte de la terre agitée.

Et Vous Princes de l'Europe, qu'en-traine ailleurs la fureur de la guerre, pour quoy courir tant de perils, Vous repan-dez un ſang, que la charité Chreſtienne

F

Vous

Vous defend de répandre. C'eſt aſſez jusqu'ici tourner contre Vous Vos mains cru-
elles, allez, marchez, portez Vos armes
redoutables contre le fier Tiran de la Thra-
ce, briſez ces indignes fers, qu'il tient ſu-
ſpendus ſur la teſte des chrêtiens, em-
ployez Vos tranchantes épées, à abatre l'
orgueil du ſuperbe croiſſant, reprenez ces
expeditions ſi glorieuſes de l'Orient, qui
firent tant d'honneur à Vos Anceſtres, e-
cartez loin de la Chretienté ces armes
reſpirantes le ſang & le carnage, diſſi-
pez par Voſtre union cette ſecte impie de
Mahomet, affranchiſſez tous ces milliers
de chrêtiens gemiſſans dans les chaines d'
un barbare esclavage, & vangez la Religion meſme des attentats & du mépris
des infideles.

Et pour ce, qui nous regarde dans
noſtre

noſtre Septentrion, puiſſe l'amitié & l'uni-
l'union toujours croiſtre entre les deux
Roys FRIDERICHS, joints par les liens
du ſang, unis par ceus de la Religion,
que cette Paix ſi heureuſement concluë ſous
la mediation du trés Haut & trés Puiſſant
Prince, le Roy de la grande Bretagne, me-
nagée avec tant de ſageſſe & de dexteri-
té, par les miniſtres des deux parts, pren-
ne de jour en jour de plus profondes,
& de plus fortes racines, qu'elle ſoit ſoli-
de & inébranlable, que rien ne puiſſe jamais en relacher les noeuds, que la con-
corde ſoit éternelle, que les autres Nations ſe trompent par le nom, ou l'apparence vaine de l'ombre de la Paix, noſtre
deſtinée plus heureuſe nous la promet ré-
elle, conſtante, & durable, qu'il nous ſoit
permis dans cette attente de finir par ces
voeux.

Vivez

Vivez Grand Roy! vray Pere de la
Patrie, toujours Augufte, toujours Cle-
ment, vivez avec noftre augufte Reine!
vivez avec Monfeigneur le Prince Royal,
le digne **Heritier de** Vos vertus, avec Monfeigneur le Prince CHARLE, avec tous les
Princes & Princeffes de la maifon Royale,
& Vous Dieu Eternel & tout Puiffant, qui
par un aufpice falutaire aux Danois avez po-
fé le fondement de leur bonheur, en appel-
lant au Throfne, la glorieufe race de nos
Roys, élevez & foutenez la Puiffance de la
maifon Regnante d'Oldenbourg, pour qu'
Elle paffe, & fe transmette de FRIDE-
RICHS en CHRISTIANS, & de CHRI-
STIANS en FRIDERICHS, par une fuc-
ceffion hereditaire & perpetuelle à cet Empire, jufqu'à la confommation des
fiecles.

✿ (✿) ✿